tredition®

www.tredition.de

AF185664

Anzelika Jakovleva

Komm, wir gehen auf die Reise

18 Meditationen für mehr Glück, Lebensfreude und Dankbarkeit

www.tredition.de

© 2020 Anzelika Jakovleva
Lektorat: Ursula Weber-Kelke
Verlag und Druck: tredition GmbH, Halenreie 40-44, 22359 Hamburg

ISBN
Paperback: 978-3-347-01014-7
Hardcover: 978-3-347-01015-4
e-Book: 978-3-347-01016-1

Das Werk, einschließlich seiner Teile, ist urheberrechtlich geschützt. Jede Verwertung ist ohne Zustimmung des Verlages und des Autors unzulässig. Dies gilt insbesondere für die elektronische oder sonstige Vervielfältigung, Übersetzung, Verbreitung und öffentliche Zugänglichma

Glück entsteht oft durch Aufmerksamkeit in kleinen Dingen, Unglück oft durch die Vernachlässigung kleiner Dinge.

Wilhelm Busch

Danksagung

Ich bin dankbar für meinen Weg mit den Aufgestiegenen Meistern und der „Mächtige ‚Ich-Bin'
Gegenwart", der so reich an Erfahrungen und Er-
kenntnissen ist.

Mein tiefer Dank gilt meinen irdischen Begleitern
und vor allen: meiner Freundin Ursula, die mich
als Lektorin unterstützt und begleitet hat, meinem
Mann für seine Geduld und meinen Kindern, insbesondere meiner Tochter Jelena, die mir mit Rat
und Tat zur Seite stand.

Einleitung

Wie arbeite ich mit diesem Buch?

Für wen ist das Buch gedacht?

Für alle - für Junge und Alte. Für die göttliche Liebe existiert kein Alter.

Die einfachen Geschichten können schon dem Kind ab dem 6. Lebensjahr vorgelesen werden.

Jede Geschichte in diesem Buch - vom ersten bis zum letzten Wort - trägt hohe befreiende Energie in sich; **jedes Wort ist energetisch geladen.** Die Meditationen sind aus der göttlichen Ebene ge-channelt, wirken befreiend und transformierend.

Die Botschaften sind mit einfachen klaren Worten gegeben, damit es jeder verstehen kann. Noch mehr arbeiten die Botschaften auf der energetischen Ebene. Aus diesem Grund arbeite mit dem Buch achtsam und sorgfältig.

Lass dir für jede Meditation mehrere Tage Zeit. Du kannst das selbst lesen oder lass es dir vorlesen. Es gibt noch eine wunderbare Methode: Lies selbst vor und nimm es auf, um es danach in entspannter Haltung anzuhören. Die eigene Stimme hat eine wunderbare Wirkung auf den Körper, weil sie bekannt und vertraut wirkt.

Natürlich können sie eine Geschichte raussuchen, welche ihnen am besten passt. Unsere *Empfehlung* ist, mit den Meditationen in dieser Reihenfolge, wie sie im Buch gegeben sind, zu arbeiten. Jede Geschichte basiert auf der vorherigen, dehnt Bewusstsein aus und geht in die Tiefe. *Diese Reihenfolge wurde mir auch aus der göttlichen Ebene gegeben.*

Trotz einfacher Sprache und Worte sind die Meditationen sehr tief und für jedes Alter gedacht. In jedem von uns lebt ein Kind, das gehört, gesehen und wahrgenommen sein möchte.
Mit diesem Buch machst du deinem **inneren Kind** ein Geschenk.

Mit Liebe

Anzelika, Aufgestiegene Meister und die ‚Ich-Bin' Gegenwart

Erste Meditation

Bringe Farben in dein Leben

Ich lade dich auf eine Reise ein, deine Kraft zu finden.

Schließe deine Augen, atme tief ein und aus. Du sitzt an einem Strand, es ist sehr schön da, ruhig. Du hörst Meeresrauschen, du hörst die Möwen kreischen. Du bist ganz da und spürst eine Leichtigkeit, als ob du eins mit dem Meer und dem Strand bist.

Es kommt ein leichter Windstoß und du spürst, wie du mit dem Wind zusammen fliegst. Der Wind bringt dich auf eine einsame Insel. Du guckst dich um…

Kleine Pause

Jetzt bemerkst du ein fabelhaftes Wesen: Das ist ein Drache, er guckt dir in die Augen und du verstehst telepathisch, was er sagt: „Ich bin Deine Kraft. Ja, du hast richtig verstanden, ich bin ein Kraftdrache!"

Schau genau hin, wie der Drache aussieht: Er widerspiegelt dir deinen momentanen Kraftzustand.

Ist er stark und mächtig? Oder sieht er ein bisschen kränklich aus? Ist er abenteuerlustig oder etwa müde?

Frag den Drachen, was ihm fehlt.

Du bist im Zauberland und du kannst ihm alles geben, was ihm fehlt, er ist nämlich dein Drache. Höre aufmerksam zu, was er dir sagt. Du wirst verstehen, was er braucht. Das ist ganz individuell, jeder Drache braucht was anderes. Spüre hinein, was kannst du ihm geben?

Pause

Braucht er Zuneigung?

Braucht er dein Vertrauen?

Braucht er deine Erlaubnis, mächtig zu sein?

Braucht er vielleicht einfach Kuscheleinheiten, um sich geliebt und angenommen zu fühlen?

Gib ihm das, was ihm fehlt, um wieder in seine Kraft zu kommen. Der Drache breitet die Flügel aus, schau mal, ob da alles in Ordnung ist oder ob da Stellen sind, die eine Behandlung brauchen. Heile deinen Drachen, ganz intuitiv, nimm die Farben und gib die Farbe auf eine Stelle wie Balsam, verarzte ihn, wenn er Hilfe braucht.

Pause

Jetzt ist dein Drache geheilt. Er ist dankbar, und möchte auch dich glücklich machen. Er sagt: „Komm setz dich auf meinen Rücken, wir fliegen. Ich zeige dir dein Leben. Wenn wir von oben auf dein Leben gucken, siehst du dein Leben ganz anders. Die Probleme werden klein, und du siehst tausende Lösungen.

Und ihr fliegt los. Das ist so schön, bezaubernd. Du spürst deine Kraft, deine Macht, und du hast überhaupt keine Angst.

Fürchte dich nicht, schaue runter, da ist dein Leben. Wie sieht es aus?

Ist es bunt und freudig oder gibt es da graue Flecken, ohne Leben, wie nach einem Waldbrand?

„Guck mal ", sagt der Drache, „ich habe ein Ge-
päck: links und rechts von dir sind Taschen. Da
sind Farben darin. Die Farben, die wieder Leben in
diese grauen Flecken bringen."

Sei achtsam, spüre in dich hinein, und du wirst genau wissen, ganz intuitiv spüren, welche Farbe
dein Leben braucht.

Pause

„Ich habe alle möglichen Farben, ich habe Glitzer,
ich habe Lachfarbe, ich habe Zauberfarben. Du
kannst Farben kreieren mit deiner Vorstellungs-
kraft."

Und jetzt wirfst du die Farben runter in dein Leben wie Wasserbomben. Sie fliegen runter und
platsch - ist alles verfärbt.

Da, wo früher alles ausgebrannt war, sprießt sofort
neues Leben. Spiele mit Farben, mit Leichtigkeit
verbessere dein Leben. Jetzt machen wir noch eine
Runde über dein Leben.

Guck, ob da jetzt alles bunt und freudig ist. Du kannst immer noch weitere Farben in dein Leben geben.

Pause

Mit Begeisterung verbesserst du dein Leben. Du nimmst Farben: Gold, Rosa, Silber mit Schimmer und Glitzer... Du wirfst alles runter. Das macht Spaß!

Kleine Pause

Die Arbeit ist getan. Ein bisschen müde, aber glücklich kommt ihr wieder an den Strand zurück.

„Es war sehr angenehm, dich kennen zu lernen", sagt der Drache. „Ja, mir auch. Ich liebe dich, Drache."

Du umarmst den Drachen, und er flüstert dir zu:

„Ich bin deine Kraft. Komm öfter zu mir, in deinen Träumen oder in deinen Gedanken. Spüre mich, und wir zusammen bringen Kraft, Farbe und Freude in dein Leben."

Du bedankst dich bei deinem Drachen und sagst ihm, dass du dich ganz stark spürst.

Pause

Jetzt ist die Zeit zurück zu kommen. Spüre deinen Körper, spüre deine Füße, deine Beine. Recke und strecke dich. Atme tief ein und aus. Und wenn du ganz in dir bist und deinen Körper spürst, öffne die Augen.

Deine Kraft ist in dir.

Spiele mit Farben! Welche Farben möchtest Du in dein Leben bringen? Hier kannst Du die Herzen Ausmalen.

Zweite Meditation

Warum soll ich eigentlich?

Das kleine Käferchen ‚Warum soll ich eigentlich?‘
lag auf dem Rücken und starrt in den Himmel.
„Ich kann eigentlich so mein ganzes Leben ver-
bringen! Das ist so schön, da brauchst du nichts
machen, und keiner sagt dir, dass du etwas falsch
gemacht hast."

Und gerade in diesem Moment setzt sich was
Dunkles über das Käferchen - ein Kind hat aus
Versehen auf das Käferchen getreten.

Das Käferchen sitzt im Käferhimmel und denkt
über sein Leben nach.

„Was habe ich in meinem Leben gemacht?

Wem habe ich geholfen?

Wer trauert jetzt, dass ich nicht mehr da auf der
Erde bin?

An was kann ich mich erinnern?

Wen habe ich auf der Erde gerne gehabt?

Wie habe ich mich überhaupt da auf der Erde entwickelt, wo ich Käfer war?"

Das kleine Käferchen konnte keine Antwort auf jene Fragen finden.

Alles, was es gemacht hatte im Leben, war nur essen. Da hat es sich zwar glücklich gefühlt beim Essen, aber keiner hat überhaupt gemerkt, ob dieses Käferchen existiert oder nicht.

„Ja", denkt da Käferchen, „ich habe nur rumgemäkelt. Ich kann mich nicht erinnern, ob ich glücklich war, ob das spannend ist, auf der Erde zu sein. Ich kann mich überhaupt an nichts erinnern als dass ich in den Himmel gestarrt hatte."

Und dann hat das Käferchen sich gefragt: „Warum habe ich gar nichts gemacht?"

Plötzlich hat er viele Käfergesichter um sich gesehen - das war seine Mama, da waren Nachbarkäferkinder, da waren die Lehrer aus der Waldschule und eine sehr strenge Bienenlehrerin. Und alle haben geschrien: „Das war nicht richtig, das könntest du besser machen! Hier hast du Fehler gemacht!!"

Und das Käferchen hatte verstanden: „Genau aus diesem Grund habe ich gar nichts gemacht, weil ich das alles nicht mehr anhören wollte."

„Und bist du jetzt glücklich?", hörte er plötzlich eine leise Stimme.

„Nein, bin ich gar nicht. Ich weiß es nicht, wie spürt man das, wenn alle zusammen etwas machen. Ich habe nie Freude erfahren, die Träume zu verwirklichen, ein Projekt zu machen, ja sogar darüber zu erzählen. Diese Begeisterung für etwas zu haben. "

„Ja, ich verstehe dich", hat wieder diese leise Stimme gesagt. Die Stimme gehörte einem Schmetterling. Der Schmetterling erzählte dann: „Ich musste durch ganz dunkle Zeiten gehen. Ich musste eine Raupe sein. Ich musste viel fressen und immer Geschrei hören: ‚Iiihhh die Raupe!' Alle haben mich sehr hässlich gefunden. Ich wollte gar nichts mehr von der Welt sehen und habe ein Häuschen gemacht und mich da versteckt.

Und eines Tages hat mich Sonnenlicht geweckt und ich bin aus dem Häuschen rausgekrochen. Plötzlich habe ich gemerkt, dass ich gar nicht mehr

kriechen musste, weil ich etwas ganz Wunderbares auf meinem Rücken hatte - Flügel!! Ich habe
wieder viel menschliches Geschrei gehört: ‚Ohh,
sieh mal, wie schön, ein Schmetterling!' Alle waren begeistert, auch ich war begeistert, von der
Sonne, dem Wind, von der Freude, die ich gespürt
habe!"

„Ja", sagt das Käferchen," das hat sich gelohnt,
durch schwere Zeiten zu gehen, um eine Raupe zu
sein!"

„Ja, genau", hat der Schmetterling bejaht.

„Hmm, wenn ich nochmal leben könnte, würde
ich alles ganz anders machen!!!"

Das kleine Käferchen spürte plötzlich, dass jemand
ihn berührte und hörte eine Stimme: „Nils, der
Wecker hat schon vor langer Zeit geklingelt!"

Nils schlug die Augen auf und vor ihm stand die
Mama.

„Uff, was habe ich für einen Traum gehabt",
dachte Nils.

Seine Mama hatte schon die Brotdose in der Hand gehabt und sagte: „Du musst dich beeilen, die Schule fängt bald an." Nils nahm seine Schultasche und rannte zur Schule.

„Jetzt werde ich alles anders machen! Ich lasse mir meinen Spaß nicht nehmen, nur wenn jemand komisch guckt oder meine Projekte nicht versteht!

Ab jetzt lebe ich mein Leben, wie ich es für richtig halte!"

Deine Notizen

1) Ab jetzt lebe ich mein Leben, wie ich es für richtig halte!

Dritte Meditation

Schließe deine Augen und höre die Melodie des Lebens

Schließe deine Augen und öffne dein Herz. Hörst du die Melodie, die dein Herz singt?

Tok, tok, tok, dein Herz arbeitet für dich. Aber es ist keine Arbeit für dein Herz, es ist sein Leben. Dein Herz lebt. Das Herz singt das Lebenslied. Klopf, klopf, klopf, du hörst Herzensklopfen. Und da ist das Leben. Dein Herz lebt für dich. Und das macht ihm Freude.

„Komm in mich hinein, ich zeige dir dein Leben."

Du siehst eine Treppe vor dir, du gehst die Stufen hinunter und zählst jede Stufe.

Mit Pausen lesen

1 – 2 – 3 – 4 – 5 – 6 – 7 – 8 – 9.

Du bist ganz klein geworden. Du stehst vor einer Tür, sie ist offen. Neugierig gehst du hinein und stehst in einem Gang: du siehst links und rechts viele weitere Türen. Manche sind geschlossen, manche sind ein bisschen offen, und an jeder Tür hängt ein Schild mit deinem Namen. Auf einem steht ,Abenteuer in der Antarktis', auf einem anderen ,Fliegen über die Wüste mit dem Fesselballon', auf dem nächsten ,Schwimmen mit Delphinen'. Jede Tür hat ein besonderes Schild. Nur du kannst lesen, was auf dem Schild steht, und nur du kannst entscheiden, was du in deinem Leben erlebst, welche Abenteuer du in deinem Leben hast.

Alle Türen stehen dir offen, weil es dein Herz ist und deine Türen sind. Und wenn du auf dein Herz hörst, dann weißt du ganz genau, durch welche Tür du gehen möchtest.

Du hörst das Lied, das dein Herz dir singt.

Klopf, klopf, klopf. Höre auf mein Lied und ich bringe dich dahin, wo du glücklich bist.

Du siehst eine Tür und du möchtest hineingehen. Die Tür ruft dich. Das ist dein Traum. Das willst du im Leben haben.

Ist es ein Abenteuer, ist es ein Projekt, ist es eine Freundschaft, ist es eine Liebe?

Schau dich um, was siehst du in dem Zimmer.

Wie sieht dein Zimmer aus, in das du hineinge-
kommen bist?

Ist es dunkel in dem Zimmer - oder hell?

Ist da aufgeräumt - oder herrscht da Chaos?

Deine Augen gewöhnen sich langsam an das Licht
und du fängst an, alles zu sehen.

Mache das Nötigste, räume auf, stelle die Sachen
an die richtigen Plätze, stelle Blumen auf den
Tisch. Mach dein Zimmer so bequem, wie du
möchtest. Lege einen Sitzsack auf den Boden oder
stelle eine Couch hinein, wie du möchtest, dass
dein Zimmer aussieht.

Du siehst einen großen Fernseher. Schalte ihn an.
Nun siehst du ein wunderbares Wesen im Fernseher, wie eine Fee, oder ein König, oder eine Prin-
zessin…
Das ist dein Herz. Dein Herz spricht jetzt zu dir.

Dein Herz sagt: „Ich spreche sehr oft zu dir. Du
spürst das ganz genau. Aber manches Mal willst
du gar nicht auf mich hören. In deinem Kopf sind
viele lautere Stimmen. Ich flüstere dir immer zu:

„Ja, das machen wir, das packen wir, das ist möglich."

Aber die lauten Stimmen in deinem Kopf sagen: „Dafür bist du zu klein, da hast du keine Erfahrung. Weißt du, wieviel Gefahren da auf deinem Weg sind? Weißt du, wie viele Leute es gibt, die das besser machen können als du?"

Ich aber sage dir: „Traue dich, das kannst du!" Und ich merke, dass du gar nicht hörst, was ich sage. Das macht mich so traurig, und mein Lied wird immer leiser.

Ich weiß ganz genau, dass du deinen Traum verwirklichen kannst. Ich weiß sogar wie, ich habe schon viele Pläne für dich, wie du deinen Traum verwirklichst. Aber du hörst nicht und gehst einfach vorbei. Vorbei an vielen tollen Möglichkeiten, dein Leben bunter, schöner, abenteuerlicher zu machen.

„Ja", sagst du, „ich verstehe. Manchmal weiß ich ganz genau, wie ich es machen sollte, aber traue mir nicht. Und am Ende kommt ein großer ‚Plumps', und dann sehe ich, es wäre viel besser gewesen, wenn ich auf dich gehört hätte. Ich habe das schon oft in meinem Leben gehabt."

„Sei nicht traurig, mein Kind", sagt dein Herz. „Du hörst nie auf zu träumen. Ich bin immer für dich da. Ich singe dein Lied. Immer. Und wenn du einen Moment hast, wo du Hilfe oder einen Rat brauchst, komme in deine Herzenskammer.

Es gibt sehr viele Wege, die dein Leben mit Freude füllen. Komm in dein Herz und besprich mit mir deine Sorgen. Höre auf meinen Rat, weil ich deine tiefsten Träume kenne. Du hast gesehen, es gibt so viele Türen. Manche bleiben für immer zu, manche öffnest du. Höre auf mich, auf dein Herz!"

Du bist sehr berührt, bedankst dich bei deinem Herz. Und jetzt ist die Zeit gekommen, zurück ins Leben zu kommen.

Du stehst wieder vor der Treppe und gehst langsam Stufe für Stufe nach oben.

Mit Pausen lesen

9 - 8 -7 - 6 - 5 - 4 - 3 - 2 - 1

Und wenn du oben angekommen bist, bist du wieder in deinem Körper, in deinem Leben, mitten im Geschehen.

Alle Entscheidungen, die du mit deinem Herzen triffst, bringen dich immer auf den richtigen Weg: Dein Herz kennt alle Antworten.

Schreibe auf, was dein Herz dir geflüstert hat.

Vierte Meditation

Rede dich frei

Der kleine Frosch saß auf einem Wasserlilienblatt und hat einen sehr dicken Hals gehabt. Er wollte ein Quak-Lied singen, aber kein Ton kam aus seinem Hals.

„Mama, ich habe Halsschmerzen", wollte er seiner Mama sagen, aber aus seinem Hals kam nur Gekrächze.

Die Mama spürte schon, dass das Kind sie brauchte und eilte zu ihm. „Oh, du hast ja einen ganz dicken Hals, wir müssen zum Arzt. Im Wald wohnt eine weise Eule, die kann uns sicher helfen." Und sie machten sich auf den Weg.

„Mach deinen Mund auf und zeige mir deinen Hals!", befiehlt die Eule. „Oh, ich sehe da viele, viele Wörter stecken. So viele Wörter, die du sagen wolltest, dich aber nicht getraut hattest. Jedes Mal, wo du geärgert wurdest und dich hättest wehren sollen, hast du geschwiegen. Jetzt stecken die Wörter im Hals und nun ist er so dick."

„Oh, wie lebe ich weiter? Ich bekomme ja keine Luft! Es sollte was passieren!", hat der kleine Frosch gedacht, aber sich wieder nicht getraut zu sagen - aus Angst, dass es ihm noch mehr weh täte.

„Ich habe eine Aufgabe für dich", sagt die Eule, „ich erzähle dir, wie du wieder frei atmen und leben kannst."
Sie sind aus der Praxis in den Wald gegangen.

„Suche dir eine Stelle aus, wo du dich sicher fühlst. Das ist deine Bühne. Zapfen, Blätter und Zweige sind deine Akteure. Erinnere dich an deinen letzten Streit und spiele diese Szene noch einmal nach. Die Zapfen sind die Leute, die dich geärgert haben. Erinnere dich, was du damals hättest sagen wollen, und sage dies jetzt laut und frei.
Und so hat es der kleine Frosch gemacht. Zuerst kam nur Gequietsche aus dem Hals, doch dann kamen einzelne Wörter, dann aber viele.

Pause

„Nun erinnere dich an eine Situation, wo du sehr traurig warst und doch nichts gesagt hast", befiehlt die Eule.

„Siehst du diesen Busch? Sage ihm alles, was du damals sagen wolltest und herunter geschluckt hast. Sag, dass dich sein Benehmen sehr traurig gemacht hat. Erinnere dich an jedes Gefühl, das du damals geschluckt hast, und spucke es jetzt raus."

Lange Pause

Der kleine Frosch hat nun sein Leben wie in einem Kino gesehen – da, wo er sich gestritten hat, sich lustig über ihn gemacht wurde oder... oder ...oder

Jetzt hat er für jene Situationen die richtigen Worte gefunden und sich damit davon befreit.

„Oh, guck mal Eule, mein Hals ist wieder okay, ich kann wieder reden!", freute sich der kleine Frosch.

„Tja prima, du hast dich freigeredet!", freute sich auch die Eule.

Geh zu deiner Mama und merke dir, dass jedes nicht gesagte Wort, wenn du dich schützen musst oder Grenzen setzen musst, aber dich nicht traust, in deinem Hals stecken bleibt und dich traurig macht.

Jetzt weißt du diesen Trick, wie du dich von den feststeckenden Wörtern (Gefühlen) befreien kannst.

„Danke!", rief der Frosch fröhlich und rannte zu seiner Mutter zurück.

Fünfte Meditation

Ängste transformieren

Schließe deine Augen. Du spürst sofort, wie dein Alltag von dir abfällt. Atme tief ein und aus, und spüre, wie du immer tiefer in deine ureigene Welt versinkst.

Du fällst tiefer und tiefer, und jetzt bist du angekommen. Du bist in deiner Welt und möchtest diese Welt, deine innere Welt erforschen.

Du bist auf einer wunderbaren Lichtung angekommen.

Pause

Was siehst du hier? Wer wartet auf dich?

Du merkst, wie hohes Gras sich bewegt, und auf dieser Lichtung nähert sich ein Einhorn.

Hör genau hin, wie dein Einhorn heißt, es sagt dir seinen Namen.

„Wow", sagst du, „ich habe gedacht, dass Einhörner nur im Märchen sind! Dass sie Fantasiewesen sind."

„Ja klar", sagt das Einhorn, „wir sind in einem
Märchen. Wir sind in deinem Märchen! Komm,
setzt dich auf meinen Rücken und ich zeige dir
dein Märchenland."

Freudig setzt du dich auf das Einhorn und jubelst:
„Ja, ich wollte immer auf ein Abenteuer gehen. Es
ist so toll, etwas Neues zu entdecken."

„Sich selbst zu entdecken ist immer am tollsten",
sagt leise das Einhorn. Ich helfe dir, dich selbst zu
entdecken, was Neues über dich zu erfahren. Ich
helfe dir auf diesem Weg."

Und ihr reitet los.

Pause

Schau genau hin, was du siehst. Das ist dein Weg.
Hier kann alles aussehen, wie du es dir wünschst.

Wenn du etwas Spannendes siehst, sag deinem
Einhorn, dass du etwas entdeckt hast, was du dir
anschauen möchtest.

Du reitest durch wunderschöne Wälder, siehst Berge, Seen und Felder. Plötzlich versperrt eine zugewucherte Hecke den Weg. Alles ist voll Dornen, dürr, teilweise ausgetrocknet - leblose Gegend.

„Puuhh, das ist traurig hier, da will ich gar nicht hinschauen, reiten wir wieder weiter!"

Doch du merkst, dass ganz tief unter dem Vertrockneten etwas Lebendiges ist. Du spürst, dass dieses Etwas nach Hilfe ruft.

„Toll, jetzt kann ich ein Märchen spielen und wie Dornröschen aus dem Märchen dieses Etwas aus den Dornen befreien.

Du traust dich, mit einer Machete die Dornen zu zerstören.

Unter dem Gestrüpp siehst du ein kleines Kind mit Augen voller Angst.

„Wer bist du und warum sitzt du hier, wenn es überall herum so schön ist? Warum hast du dir dieses Versteck ausgesucht?"

„Ich bin deine Angst", sagt das kleine Kind, „und ich fürchte mich."

„Aber warum?", fragst du, „warum kommst du nicht hier auf das Moos zum Schlafen, Spielen oder Blumenpflücken?

„Weil ich mir Sorgen mache", antwortet das kleine Kind, „was passiert, wenn ich da rausgehe und dann kommt ein Tier und frisst mich?"
„Aber hier gibt es keine wilden Tiere! Und wenn doch, dann kannst du immer noch in dein Versteck rennen!"

„Ach, vielleicht kann ich nicht so schnell rennen, oder ich merke nicht, dass dieses schreckliche Wesen da ist, oder noch was ganz anderes passiert. Hier fühle ich mich sicher in meinem Versteck. Aber ich bin traurig, dass ich keine Freude verspüre."

„Uff", sagst du, „ich möchte dir gerne helfen, aber ich weiß nicht wie."

Ihr beide schaut das Einhorn an: „Weißt du vielleicht wie?"

„Ja", sagt das Einhorn, „es ist deine Angst. Befreie dich von deiner Angst und dann wird das kleine Kind auch mutiger."

„Oh, hast du auch Ängste", wundert sich das kleine Kind, „dann bin ich nicht allein. Erzähl mir über deine Ängste."

 Du denkst nach.

Pause

Welche Ängste machen dein Leben schwer?

-dass du keine richtigen Freunde findest

- dass die Lehrerin dich nicht mag

- dass egal ist, wieviel du lernst, du keine guten Noten schreibst

Lass jetzt einfach deine Ängste hochkommen und betrachte sie.

Hast du Angst, allein zu bleiben?

Betrachte jede Angst, die sich zeigt.

Pause

„Wir haben genug Ängste angeschaut, jetzt ist es an der Zeit, sie loszulassen."

Das Einhorn zeichnet mit dem Horn auf die Erde einen Kreis, sagt ein Zauberwort und sofort lodert im Kreis ein violettes Feuer.

„Das ist ein Transformationsfeuer, da wird alles umgewandelt. Angst in Liebe und Mut. Jetzt könnt ihr alle eure Ängste in dieses Feuer geben", sagt das Einhorn.

Und ihr legt los. Wie in einem Wettbewerb wirft jeder seine eigenen Ängste ins Feuer - immer schneller und mehr.

Die Arbeit ist getan. „Oh, ich fühle mich ganz anders", sagt das kleine Kind, „ich fürchte mich nicht mehr, ich brauche kein Versteck!" „Hier gibt es kein Versteck mehr", sagt das Einhorn, „und ihr seht, dass anstelle des alten Verstecks ein wunderschöner Rosengarten blüht. Alles Verdorrte hat sich in Rosen verwandelt und duftet.

„Das ist ja ein Wunder", schreit ihr beide.

„Ja", sagt das Einhorn, „und dieses Wunder habt ihr vollbracht! Wer innere Welten hegt und pflegt, trägt keine Wüste oder verrottetes Land in sich."

„Du hast mir sehr geholfen", sagt das kleine Kind, „ich danke dir."   Ich bedanke mich auch. Ich habe meine Ängste losgelassen.

Jetzt fühle ich mich leicht und frei.

 Und jetzt möchte ich zurück in mein Leben.

„Ja, die Zeit ist gekommen", sagt das Einhorn. Ich bleibe hier und passe auf das kleine Kind und deine innere Welt auf. Siehst du diesen Pfad vor dir liegen? Geh immer diesem Pfad nach, so kommst du in dein Leben zurück."

Mit jedem Schritt spürst du, wie du zurückkommst.

Du spürst deinen Körper, deine Beine, deine Arme, öffnest deine Augen und bist da.

Hier kannst du dein Einhorn ausmalen

Sechste Meditation

Achtsamkeitsübung

Dafür brauchst du die Hilfe einer vertrauten Person. Jeder Satz muss achtsam und langsam vorgelesen werden, mit längeren Pausen

Schließe deine Augen. Wir gehen auf eine Reise zu dir selbst.

Wir steigen einen Berg hinauf. Wir gehen langsam und achtsam zur Bergspitze. Da ist so viel Licht, und die Luft ist so frisch und befreiend.

Du atmest tief ein und aus. Du atmest Licht ein und atmest Sorgen aus. Du atmest Liebe ein und atmest Angst aus.

Es ist sehr befreiend, auf einem Berg zu stehen und mit der Bergluft die Lunge zu füllen.

Du suchst dir einen bequemen Platz aus, setzt dich hin und entspannst dich. Du bist in absoluter Sicherheit.

Nach jedem Komma längere Pausen machen

Entspanne deine Zehen, deine Füße, spüre deine Waden und entspanne dich.

Entspanne deine Knie, entspanne deine Hüften, atme ruhig und gelassen.

Entspanne deine Oberschenkel, deine Gesäßmuskeln, entspanne deinen Bauch, deinen Rücken, deine Brust und Schultern, entspanne deinen Nacken und Hals, entspanne deinen Hinterkopf, entspanne dein Gesicht.

Du sitzt da, entspannt, leicht und locker.

Du spürst Frieden in dir. Ein Lächeln kommt auf deine Lippen.

Gedanken kommen in deinen Kopf und gehen weiter. Du gehst keinerlei Gedanken nach, du hörst nur meine Stimme, und mit jedem Wort entspannst du dich tiefer und tiefer.

Du sitzt da und genießt diesen Zustand – einfach zu sein.

Pause

Wenn ein Gedanke anfängt, in deinem Kopf zu kreisen, sag einfach: Gedanke - es bedeutet nichts. Stelle dir vor, dass alle Gedanken, die durch deinen Kopf kreisen, leichte Wolken sind, und puste sie weg.

Ein leichtes Lächeln umspielt deine Lippen.

Du gehst in dich hinein und lächelst alle Organe an: Du lächelst deine Lunge an, und sie lächeln zurück. Du lächelst dein Herz an, deine Nieren, deine Verdauungsorgane im Bauch, deine Blutgefäße, deinen Nervenbahnen, dein endokrines System.

Du lächelst alles an, was in dir ist, für dich arbeitet und dir Leben und Freude bringt.

Du fühlst dich ruhig und gelassen und hast ein Gefühl, als ob du die ganze Welt umarmen könntest.

Die Liebe strömt aus dir. Jedes Atom, jede Zelle deines Körpers ist glücklich und singt ein freudiges Lied.

Dieses heilende Lächeln bringt Freude und Gesundheit in jede Zelle deines Körpers.

Du bist stark, vital, gesund.

Und mit diesem gewonnenen Wissen kehrst du in das Leben zurück.

Du spürst deine Füße und bewegst sie.

Du spürst deine Beine, die Oberschenkel, dein Gesäß.

Dein Rücken ist gerade und stark.

Spüre deinen Rücken.

Deine Schultern sind entspannt und kräftig.

Spüre, wie das Leben deine Schultern füllt, bewege deine Schultern, recke und strecke dich.

Bewege deinen Hals, deinen Kopf und wenn du ganz da bist, öffne deine Augen.

Mandala zum Ausmalen

Beginne mit dem Malen von außen nach innen, immer zum Zentrum hin.

Die großen Augenblicke sind die, in denen wir ge-tan haben, was wir uns nie zugetraut hätten.

Marie von Ebner Eschenbach

Siebte Meditation

Langeweile

Heute möchte ich mit dir über Langeweile sprechen.

„Und wer bist du, der zu mir spricht?" „Ich bin deine innere Stimme, die oft zu dir spricht, wenn du Entscheidungen treffen musst. Setze dich bequem hin und wir erforschen, was Langeweile ist, woher sie kommt und was du damit machen kannst."

Langeweile ist ein sehr interessantes Phänomen. Im Prinzip hast du viele Sachen, die du erledigen musst oder könntest. Jeder Mensch verschiebt manche Erledigungen auf später und später, wobei dieses Später oft nicht eintritt. Meistens sind es Dinge, die dringend unsere Aufmerksamkeit brauchen, aber wir wollen uns nicht damit auseinandersetzen. Wir haben Angst, etwas falsch zu machen oder glauben, dass die Aufgaben, die wir erledigen müssen, uns nicht erfüllen, erwecken kein Interesse in uns und deswegen bringen sie keine Freude.

Wir sagen dann, dass wir keine Zeit haben oder es gibt technische Probleme. Wir finden immer Entschuldigungen, warum wir etwas nicht erledigen können. Und plötzlich ergibt sich das Leben so, dass wir Zeit haben. Dann kommt dieses Gefühl von etwas Unerfülltem, etwas wie Schuldgefühl, dass wir das nicht machen, was eigentlich ansteht.

Wir haben Zeit und wissen nicht, womit wir diese Zeit ausfüllen. Etwas Neues anzufangen erlauben wir uns nicht, weil das Unerledigte über uns wie ein Damoklesschwert hängt. Es entsteht eine Leere in uns - diese Leere nennen wir Langeweile.

„Kennst du dieses Gefühl?", fragt die innere Stimme.

„Oh ja oft, dann nehme ich den Laptop und spiele etwas, um mich abzulenken. Oder schaue was im Fernsehen, was mich überhaupt nicht interessiert. Meine Mama nennt das ,Zeitverschwendung'."

„Ja, da hat sie gar nicht Unrecht. Ich würde es etwas anders nennen. Ich würde es ,Energieverschwendung' nennen. Du hast Energie und nutzt die nicht aus Angst."

Erinnere dich jetzt an das letzte Mal, wo du Langeweile empfandest. Lass Langeweile geschehen.
Was kommt da an Gedanken und Gefühlen auf,
wenn du einfach so dasitzt und dich langweilst?

Pause

Einfach sitzen, atmen, bei sich bleiben und allen
Gedanken erlauben hochzukommen, die sich zeigen möchten.
Spürst du Angst vor einer Aufgabe, die du nicht so
gut erfüllen kannst, wie du denkst?

Dann sitze da und spüre diese Angst. Guck dieser
Angst in die Augen und sage ihr: „Ich habe dich
gesehen und ich fürchte mich nicht mehr. Du bist
nur in meinen Gedanken, du existierst nicht! Du
bist nicht mein Leben."

Atme tief ein und atme die Angst aus. Du hast
deine Angst erkannt, und sie ist weg.

Jetzt bist du frei und kannst einfach einen Plan
machen, wie du deine Sachen erledigen kannst.

Und weißt du, dass es ein besseres Mittel gibt als irgendwelche Pläne zu machen? Einfach aufstehen und das machen, wovor du früher Angst hattest. Wenn du in Aktion bist, gibt es keine Angst mehr.

Fürchte deine Langeweile nicht, erlaube dir, dich zu langweilen und transformiere das zu einer Meditation. Deine Langeweile ist im Grunde genommen dein Freund, der dir Lebensbereiche zeigt, vor denen du dich fürchtest. Wenn du anfängst und machst, was du schon lange Zeit machen wolltest, dann fühlst du dich wie auf Wolke sieben: Du hast deine Angst und Langeweile besiegt.

Und gerade jetzt stehe auf und mache es!

Später in einem inneren Gespräch erzählst du mir über deine neu gewonnene Freiheit.

Achte Meditation

Transformation. Violettes Feuer

Schließe deine Augen und lasse dich führen, beruhige deinen Atem, verlangsame deine aktive Wahrnehmung.

Lasse dich führen durch einen wunderbaren Wald voller Märchenwesen.

Ich bin Saphir, ein Wesen, das dich liebt und dir nur Gutes wünscht. Stelle dir mich so vor, wie du es möchtest: als ein Engel, eine Elfe, eine Waldfee.

Wir gehen durch den lichten Wald, die Vögelchen zwitschern, die Sonne scheint, der Wind ist zart und erfrischend.

Wir kommen jetzt auf eine Lichtung. Hier scheint dir alles vertraut zu sein, du warst schon mal hier.

Du warst hier in deinen Träumen, in deinen Phantasiereisen oder deinem realen Spaziergang im Wald.

Pause

Die Lichtung sieht märchenhaft aus. Alles schimmert in wunderbarem violettem Licht. Du möchtest unbedingt wissen, woher dieses Licht kommt. Du schaust dich um.

Pause

Alles ist ruhig und du fängst langsam an, Geräusche wahrzunehmen: leise Musik, fröhliches Lachen.

Du gehst weiter und siehst ein Feuer, aber es sieht anders aus wie gewohnt. Die Flamme ist violett und schimmert ein bisschen silbern.

Verschiedene Wesen sitzen da. Manche singen zusammen, andere tanzen um das Feuer herum. Alle sehen so glücklich aus.

Ein Wesen kommt uns entgegen und begrüßt uns herzlich. Es lädt dich ein, zum Feuer zu kommen.

Jetzt passiert etwas absolut Unerwartetes: Ein weiser Mann hebt den Arm hoch und sagt: „Die Feier des heiligen reinigenden Feuers ist eröffnet."
Du glaubst einfach nicht, was die Wesen machen!

Alle gehen ins Feuer, tanzen darin. Manche toben und schreien, manche meditieren: Jeder hat so viel Platz für sich, das zu machen, was er will und keiner stört den anderen.

Dein Begleiter erklärt dir, dass es ein Zauberfeuer ist, das reinigt und transformiert.

Alles, was dich traurig macht, alle Schmerzen, alle Ängste, alles, was dich unglücklich macht, kannst du dem Feuer übergeben und alles wird transformiert - umgewandelt in Fröhlichkeit und Liebe.

Du möchtest auch in das Feuer eintreten.

Du hast ein bisschen Angst. Erst streckst du deine Hand dem Feuer entgegen. Zärtliche Wärme lädt dich ein, weiter in das Feuer einzutreten.

Du wirst mutig und schreitest hinein. Wunderschöne Wärme, Ruhe und Gelassenheit umgeben dich.

Du vertraust dem Feuer ganz und erzählst ihm alle deine Sorgen, alle deine Ängste, alles, was dich stört, glücklich zu sein.

Lange Pause

Du merkst, wie ruhig es in deinem Herzen wird, wie gute Laune wieder zu dir zurückkehrt. Du bleibst noch ein bisschen in dieser wunderschönen violetten Flamme, und dann steigst du aus.

Du bist glücklich und voller Kraft, voller Energie.

„Jetzt ist die Zeit zurückzukehren", hörst du die melodische Stimme deines Begleiters. Du bedankst und verabschiedest dich.

Saphir führt dich zurück zu deinem Alltag.

Immer noch klingen die Abschiedsworte des weisen Mannes in deinen Ohren: „Wenn du Kummer und Sorgen hast, denke an das violette Feuer, stelle es dir vor und steige hinein. Das violette Feuer macht dich frei!"

Jetzt bist du wieder an deinem Meditationsplatz.

Beginne, deine Aufmerksamkeit langsam nach außen zu richten, bewege deine Hände und Beine, recke und strecke dich und öffne deine Augen.

Du bist wieder da in deinem Leben.

Male dein eigenes violettes Feuer aus.

Neunte Meditation

Jeder ist anders

Schließe deine Augen, atme tief ein und aus. Finde deinen ureigenen Atemrhythmus.

Dein Atem hat seinen ureigenen Rhythmus gefunden, du atmest ein und aus.

Du atmest tief, dann atmest du flach, deinen Atem fragt keiner, ob es richtig ist. Du merkst gar nicht, wie es dich atmet.

Dein Herz schlägt in deinem ureigenen Rhythmus. Dein Herz fragt nicht, ob es richtig schlägt. Es reagiert nur auf deine Gedanken und Gefühle: Einmal schlägt es langsam, dann schlägt es wieder schnell und dann wieder langsam.

Wenn du an die Natur denkst, dann würdest du dasselbe Muster sehen. Kein Vogel fragt sich, ob er schöner singt als der andere. Er schenkt einfach seine eigene Fröhlichkeit der Welt. Keine Blume fragt sich, ob sie schöner ist als die andere. Sie tragen ihre Natur in die Welt, sie zeigen sich der Welt - kleine Mauerblümchen, Löwenzahn, der sich durch den Asphalt zur Sonne streckt. Oder eine schicke Gartenrose, sie vergleichen sich nicht miteinander. Jede Blume verwirklicht sich als Gottes Idee in die Welt hinein.

Und jeder Mensch ist eine einzigartige Gottesidee. Jeder Mensch hat eine eigene Welt, in der er lebt, mit eigenen Ideen, Gefühlen, Gedanken - und das alles wird nach außen projiziert.

Jeder ist einzigartig. Aber manchmal vergisst du das, vergisst du deine Einzigartigkeit und vergleichst dich mit den anderen. Einer hat schöne Haare, der andere hat eine schönere Figur, und der dritte ist pünktlich und ordentlich. Alles, was du meinst, nicht zu haben, siehst du in anderen und vergleichst dich damit, zu deinem Nachteil.

Wenn du die anderen fragst, dann wirst du dich wundern, was für Schätze sie in dir sehen. Sie werden dir Sachen erzählen, die du an dir selbst nie gesehen hast. Es ist einfach so. Jeder hat seine Vorteile und seine Nachteile. Wenn du über dich schlecht denkst, immer in deinen Nachteilen rumwühlst, dann wird dir die Außenwelt wie ein Spiegel dies genau zeigen.

Wenn du dich verurteilst, dass du nicht pünktlich bist, wirst du in deiner Realität immer und überall zu spät kommen. Immer, wofür du dich bewertest, wird dir dein Leben zeigen. Wenn du dich kreativ fühlst, wird dir das Leben die Möglichkeit geben, deine Kreativität auszuüben, ob du Bilder malst, ob du Handlettering machst, ob du schöne Klamotten aussuchst, die dir sehr gut stehen, oder dein Zimmer dekorierst.

Dein Leben wird dir wie ein Spiegel deine Kreativität zeigen. Wenn du deine sportlichen Talente in dir schätzt, dann wirst du in deinem Leben auch gute Resultate zeigen. Egal, was du in dir zum Ausdruck als Ausdruck Gottes ins Leben rufst, wird nach außen projiziert und in deinem realen Leben sich entfalten.

Wisse, jeder trägt Licht- und Schattenseiten in sich. Es ist so, als ob du zwei Spiegel hast. In einem siehst du das, wofür du dich verurteilst, im anderen das, wofür du dich lobst.
In welchen Spiegel du schaust, um dich zu finden, liegt an dir.

Deine Notizen

Finde 10 Eigenschaften, die Du an dir magst.

1) *Ich kann gut jemandem zuhören.*

Zehnte Meditation

Triff deine Entscheidungen und freue dich über dein Leben

Es gibt oft Situationen, wo wir Entscheidungen treffen. Es ist nicht so dramatisch, dass es um Leben und Tod geht, aber wirklich ernste Entscheidungen sind, die unser Leben beeinflussen.

Ja ja, du hast richtig verstanden, es geht nicht darum, ob ich Geschirr heute oder morgen spüle, oder mein Zimmer aufräume, heute oder in einem Monat. Wir reden über die Entscheidungen, die dein Leben schon umstrukturieren können.

Schließe deine Augen und erinnere dich, wann du solche Entscheidung das letzte Mal getroffen hast.

Wie hast du das gemacht? Was war für dich wichtig, als du diese Entscheidung getroffen hast?

Erinnere dich ganz genau, was für dich damals wichtig war.

Hast du an Vorteile gedacht, hast du gedacht, was die anderen Leute sagen, wenn du diese Entscheidung triffst? Was war dein Hauptkriterium für deine Entscheidung?

Hast du deine Entscheidung aus Angst getroffen?

Es passiert vielen Leuten, dass sie falsche Entscheidungen treffen aus Versagensängsten. Das muss nicht sein.

Eine Entscheidung treffen muss eine freudige Erfahrung sein, freudiges Geschehnis sein.

Die richtigen Entscheidungen sind immer einfach und mühelos.

Lege deine rechte Hand aufs Herz und frage, welche Entscheidung hätte dein Herz gemacht.

Sei ruhig und still. Geh in dich hinein und spüre und höre zu dieser leichten, leisen Stimme. Dann wiederhole deine Entscheidung laut und horche wieder in dich hinein.

Wie geht es dir damit? Bist du freudig, aufgeregt, geht es dir gut?

Oder liegt diese Entscheidung wie ein Stein auf deinem Herzen?

Du kannst deine Gefühle nicht verleugnen. Du spürst immer, welche Entscheidung für dich richtig ist. Lasse deiner Angst keine Macht über dich und dein Leben.

Wenn du Schwere in deinem Körper spürst, wenn du dich nicht wohlfühlst mit dieser Entscheidung, dann entscheide dich anders. Es ist in deiner Macht, Entscheidungen zu treffen. Du kannst dich grenzenlos neu entscheiden.

Wiederhole den Vorgang so oft, bis dein Herz dir sagt: Ja, das ist die richtige Entscheidung!

Aber ich versichere dir, wenn du die Entscheidung aus deinem Herzen getroffen hast, dann musst du dich nicht neu entscheiden, denn du hast die richtige Wahl bereits getroffen.

Ich kann dir ganz reale Werkzeuge an die Hand geben, damit du prüfen kannst, ob du richtig entschieden hast. Nimm zwei gleiche Blätter Papier. Schreibe deine Entscheidung auf das eine Blatt, auf das andere schreibst du deine gegensätzliche Entscheidung. Lege die Blätter auf den Boden mit der leeren Seite nach oben. Du musst es so hinlegen, dass du nicht weißt, was auf welchem Blatt geschrieben steht.

Schummele nicht. Sei ehrlich mit dir selbst! Stelle dich auf ein Blatt und spüre in dich hinein. Dann stelle dich auf das andere Blatt und spüre wieder in dich hinein. Da, wo du das bessere Gefühl hattest, ist die richtige Entscheidung. Dein Körper lügt nicht. Er hat dir die genau richtige Entscheidung gegeben.

Jetzt liegt es an dir: Gehst du deiner Angst nach oder lässt du Abenteuer und Freude in dein Leben.

Skizzen oder Notizen

Elfte Meditation

Wie fühle ich mich in meinem Leben

Finde einen bequemen und sicheren Platz, wo du dich ungestört fühlst. Du kannst diese Geschichte selbst lesen oder bitte eine vertraute Person, sie dir vorzulesen.

Es ist sehr wichtig, jemanden zu finden, dem du absolut vertrauen kannst, bei dem/der du dich sicher fühlst, du dich traust, so zu sein, wie du bist.

Es geht um dich, um deine innere Welt, um so zu sein, wie du dich wirklich fühlst und spürst.

Im Leben tragen wir verschiedene Masken, die – wie wir meinen - für bestimmte Rollen gut passen. In der Schule bist du ein Schüler, wenn du arbeiten gehst, bist du ein Mitarbeiter oder Chef, in der Familie bist du Sohn oder Tochter, Bruder oder Schwester - und für jede gibt es eine von dir erschaffene Maske.

Manchmal tragen wir gleichzeitig so viele Masken, dass sie schon wie ein Panzer um uns herum sind. Und mit der Zeit vergessen wir, dass es Masken sind, die wir selbst kreiert haben. Wir tragen die

Masken, und wir denken, dass wir es sind. Du bist nicht diese Masken, die du trägst. Du bist was anderes.

Jetzt legst du das Buch zur Seite, schließt deine Augen und spürst in dich hinein:

Was bin ich, wenn ich allein, unbeobachtet bin?

Was ist meine Essenz?

Geh noch tiefer in dich hinein. Bleib still, ruhig, atme tief ein und aus.

Folge deinem Atem. Du atmest in deinem ureigenen Muster. Diesen Atem hast nur du, kein anderer. Das ist dein Atem. Atme ein paar Minuten in diesem Rhythmus, und du merkst - es atmet dich!

Die Grenzen sind verschwunden, jetzt bist nur du in deiner Essenz.

Spüre, nimm wahr.

Was ist das für eine Energie?

Welche Farbe hat deine Energie?

Welchen Klang?

Lange Pause

Spürst du deine Größe? Das bist du - ein wunderbares Funkeln Gottes, kraftvoll, schön, grenzenlos frei.

Gib diesem Gefühl, das du jetzt in dir spürst, einen Namen oder eine Farbe, das du dir gut merken und in deinem Alltag abrufen kannst.

Jetzt denke bitte an dich in deinem Körper: Was steht dir im Weg, dass du deine Größe als Mensch nicht zeigst?

Fühlst du dich manchmal unsicher, klein, hast du Angst, Fehler zu machen?

Wir haben solche Schleusen in uns eingebaut, die unserer Kraft nicht erlauben weiterzufließen. Diese Schleusen heißen Angst, Bewertung. Sie bremsen unsere Energie, aber sie transformieren die Energie nicht; sie bleibt in uns und sammelt sich. Unsere Energie, unsere Emotionen möchten gelebt und gefühlt sein.
Je mehr wir uns unterdrücken, desto mehr Energie sammelt sich in uns. Und irgendwann sind wir so

groß, angefüllt, dass keine Schleuse dies mehr halten kann, und es kommt alles raus - mit Wut, mit Streit, mit Schmerz.

Wir explodieren! Das muss nicht sein.

Energiestau im Körper macht uns klein, apathisch, schläfrig oder wütend und ungeheuer. Bei jedem zeigt sich Energiestau anders.

Wenn es dir so geht, denke an dieses Wort, Farbe oder Klang, was du dir vorhin gemerkt hast. Wiederhole dieses Wort oder den Klang mehrmals, je nachdem, was du dir gemerkt hast. Lass dir die Erinnerung kommen an deine Grenzenlosigkeit, an deine Kraft und Stärke und erlaube dir, so zu sein.

Manchmal fehlt uns nur die Erlaubnis. Sage dir im Geiste oder laut: Ich erlaube mir, ganz froh zu sein.

Wiederhole dies so oft, bis du das wirklich spürst, bis du dir wirklich diese Erlaubnis gegeben hast.

Ich erlaube mir GANZ froh zu SEIN.

Diese Verbindung zu dir selbst ist viel mächtiger als alle Versagensängste, Bewertungsängste, ist dir plötzlich nicht mehr wichtig, was die anderen über dich denken.

Du hast dieses Vertrauen zu dir gefunden. Du hast diese Verbindung zu dir selbst geknüpft, und das ist viel stärker als die Worte (Meinungen), die die anderen über dich denken oder sagen.

Du bist in deiner Kraft. Du bist DU.

Habe Mut, Du selber zu sein und bleib dir selber treu. Du bist wunderbar!

Zwölfte Meditation

Wie gehe ich mit meiner Angst um

Manche sagen, du brauchst keine Angst zu haben.
Sei mutig und lebe deine Leben. Alle Türen stehen
dir offen.
Wenn das so einfach wäre, wenn dir jemand sagt,
sorge dich nicht, habe keine Angst und du genau
in der nächsten Sekunde dich nicht mehr sorgst
und keine Angst mehr hast - es wäre toll.

Es ist leider im Leben anders. Und das ist gut so.
Die Angst ist eine natürliche Reaktion deines Körpers. Die Angst ist sehr wichtig zum Überleben.
Das ist in unserem Stammhirn verankert und hat
seit Jahrtausenden dafür gedient, dass die Mensch-
heit überlebt.

Man hat manchmal Angst und kann mit ihr umge-
hen lernen.

Die Angst ist ein Gefühl. Und das zu verleugnen
bedeutet eine großartige Möglichkeit verpassen,
sich selbst zu erforschen.

Wenn du Angst hast, ist es ein Zeichen, dass du
dir deiner Kraft nicht bewusst bist. Das ist eine

Einladung, in dich hineinzugehen, dich von Beschränkungen zu befreien und an deine Großartigkeit zu kommen.

Sag danke zu deiner Angst und lade sie ein, mit dir auf eine Erforschungsreise zu gehen.

Geh in dein Herz, finde da einen vertrauten Raum, wo du dich sehr sicher fühlst und spüre deine Angst.

Gib dir die Erlaubnis, das alles zu spüren, was deine Angst mit sich bringt -mit allen Folgen und Befürchtungen.
Sitze einfach da und erlaube dir zu spüren.

Pause

Deine Angst schnürt viele Emotionen ab, erlaubt denen nicht hochzukommen.

Aber Emotion ist etwas, was gelebt sein möchte.

E-motion, ewig in Bewegung will Emotion sein.
Sie möchte gespürt, gefühlt und ausgedrückt sein.

Wut, Ärger, Tränen, Freude, das alles will gelebt werden. Erlaube dir, deine Emotionen zu spüren. Es sind deine Emotionen, es ist deine Welt, die du aus deinen Illusionen gebaut hast, und wenn es dir zu viel wird, kannst du einfach deine Augen aufmachen, denn dir kann nichts passieren, absolut nichts.

Ohne Angst vor deiner Angst schaue ihr in die Augen.

Erlaube dir zu fühlen!

Du kannst zittern, du kannst weinen, du kannst nach deiner Art deine Enttäuschung ausdrücken, gib dir Zeit.

Lange Pause

Plötzlich wird dir bewusst, dass dir fast langweilig ist, zu zittern und zu weinen, das willst du nicht mehr. Du merkst, dass dein Atem wieder ruhig geworden ist und es dir wieder gut geht, dass du gar keine Angst mehr hast.

Ach ja, verstehst du, meine Angst ist einfach eine große Illusion, die mir zeigen möchte, was ich alles unterdrückt habe, von meinen Gefühlen, von meinen Gedanken über mich selbst.

Im gewissen Maße dient Angst, dass ich auf mich aufpasse, z.B., dass ich mich nicht verletze, wenn ich ein scharfes Messer in der Hand habe oder vor einem heißen Herd stehe.

Aber wenn es um meine Emotionen geht, dann brauche ich wirklich keine Angst zu haben. Angst ist einfach eine Begrenzung, um mich klein zu halten. Das muss nicht sein.

Ich kann mich zeigen.

Ich kann meine Größe zeigen.

Ich kann meine Grenzenlosigkeit spüren und meine Visionen verwirklichen.

Die Angst wird zu meinem Freund, der mich verstehen lässt, wo ich mich klein mache und mir meiner Stärke nicht bewusst bin.

Wenn ich seine Botschaft verstanden habe, dann ist die Angst verschwunden.

Dreizehnte Meditation

Deine Schwächen sind auch deine Stärken

Komm her, mein Kind, auf meinen Schoß. Fühle dich umarmt. Ich bin deine Seele, dein Engel, der immer auf dich aufpasst.

In deinen Stärke- und deinen Schwächetagen.

Ich umarme dich mit meinen Flügeln. Fühle dich geliebt und beschützt.

Pause

In eurer Welt ist es schon zum Programm geworden:

Sei stark, stärker als die anderen.

Sei schnell, schneller als die anderen.

Sei erfolgreich, erfolgreicher als andere.

‚Leben auf limit' - und das ist sehr starker Druck.

Solche Lebensweisen und solche Vorstellungen entsprechen nicht dem natürlichen Leben. Es ist gut, wenn alles in Harmonie, in Einklang ist. Nach dem Tag kommt die Nacht, nach einer schweren Anstrengung kommt die Integrationsphase. Das ist eine sehr große Kunst, in Balance zu sein.

Geben und nehmen, arbeiten und sich erholen.

Balance, das ist hier das Zauberwort.

Wenn jemand sich nur Zeit nimmt für die Erholung, für das Vergnügen, entwickelt sich nichts weiter. Das ist wie Wasser in einem Sumpf, das wird faul und stinkig.
Aber das ,Leben auf limit', ohne Pause, immer nach etwas streben, immer sich anstrengen, ruiniert auch Körper und Seele.

Kein Mensch kann nur funktionieren, nur Leistung erbringen, nur Beste(r) von Besten sein.

Balance.

Spüre in dich hinein.

Bist du mehr Gebender als Nehmender?

Dann ist deine Stärke, auch schwach sein zu dürfen.

Erlaube dir, das zu sein, was du im Moment bist.
Erlaube dir zu weinen, wenn du traurig bist.

Erlaube dir, dich zu erholen, wenn du müde bist.
Erlaube dir, Hilfe anzunehmen, wenn du im Moment hilflos bist.

Alles, was du dir erlaubst, wird zu deiner Stärke.

Wir sind alles. Wir haben in uns starke und schwache Seiten. Wir tragen in uns Licht und Schatten.

Wie Tag und Nacht eine Einheit bilden, bilden wir auch eine Einheit aus unseren starken und schwachen Seiten. Es ist sehr wichtig, mein Kind, dich für deine Schwächen nicht zu schämen.

Deine Schwäche ist ein Potential für deine Stärke. Wenn du dich spürst, eine Pause in deinem Leben einlegst, wenn du schwierige Situationen akzeptierst, wenn du dich als nicht perfekt akzeptierst und annimmst, tut es mir, deiner Seele, unheimlich gut.

Es ist für mich ein Zeichen, dass du dich spürst - als Ganzes.

Nicht immer schneller, besser, schöner zu sein, sondern einfach sich als Einheit zu spüren – einfach **sein**.

Deinen Körper spüren, dann noch tiefer gehen.

Dein Herz spüren, deine Herzenswahrheiten spüren, mich, deine Seele, spüren.

Was andere über dich denken oder sagen, hat absolut keine Kraft über dich, solange du selbst nicht daran glaubst.

Und das ist sehr wichtig!!!

Warum denkst du, dass du das nicht kannst?

Warum denkst du, dass du schwach bist?

Warum denkst du, dass du nicht intelligent genug bist?

Wer hat es dir erzählt?

Und warum glaubst du denen mehr als dir selbst?

Warum hast du fremde Bemerkungen zu deiner Wahrheit gemacht?

Warum hast du dich selbst entmachtet?

Warum hast du dich selbst verraten?

Pause

Spüre in dich hinein, spüre meine Liebe zu dir.

Ich, deine Seele, bin immer dabei. Und ich liebe dich, unermesslich. Du bist für mich Beste(r) vom Besten. Egal, ob du stark oder schwach bist.

Du wirst mich nicht immer spüren, aber ich spüre dich immer.

Ich spüre deine Intelligenz, ich weiß, dass du klug bist.

Ich spüre deine Kraft, ich weiß, dass du alle deine Probleme bewältigen kannst.

Ich spüre deine Liebe, ich weiß, dass du mich in deinem Herzen genauso liebst wie ich dich.

Spüre meine Liebe. Sieh dich mit meinen Augen. Nimm dir deine Kraft zurück.

Es bedeutet nichts, dass du im Moment schwach bist. Du wirst in der nächsten Sekunde stärker.

Es bedeutet nichts, das dir etwas nicht gelungen ist, in der nächsten Sekunde gelingt dir alles.

Nimm dir deine Kraft zurück!

Was andere über dich sagen oder denken, sind nur Gedanken dieser Leute, hat mit dir nichts zu tun.

Hole dir deine Wahrheit, und dann bist du unschlagbar.

Mit Liebe

Deine Seele.

Notizen

Vierzehnte Meditation

<u>Sei du selbst - Be yourself</u>

<u>Ich bin frei in meinen Entscheidungen</u>

Komm her mein Kind, ich habe ein interessantes Thema zu besprechen:

Wie triffst du deine Entscheidungen?

Für wen triffst du deine Entscheidungen?

Was ist dir wichtig?

Wie entscheidest du?

Triffst du deine Entscheidungen spontan - oder nach langem Überlegen?

Und wenn wir über Entscheidungen reden, meine ich nicht, dass du dich entscheiden musst, trinke ich heute Cola oder Apfelsaft, esse ich Käse oder Wurstbrot.

Wie triffst du die Entscheidungen, die wichtig sind für dein weiteres Leben?

Jeder Mensch hat im Leben Situationen, wo man an einer Weggabelung steht.

Es gibt nicht "Ich weiß nicht", „vielleicht" oder „mache ich beides".

Nein, es ist die richtige Weggabelung, und es geht entweder links oder rechts.

Wie entscheidest du dann?

Triffst du Entscheidungen für dich oder gegen dich?

Gegen deine innere Stimme, gegen deinen Herzenswunsch und manchmal sogar gegen deinen Verstand.

Ich möchte heute über solche Entscheidungen reden, wo du gegen dich entscheidest.

Was passiert in diesem Moment, wo du solche Entscheidung triffst?

Bist du in deinem Kopf oder in deinem Herzen?

Wo bist du dann ganz genau?

Denke jetzt an die letzte Konfliktsituation in deinem Leben, wo du eine Entscheidung treffen musstest. Denke nach, erinnere dich.

Pause

Hast du diese Entscheidung getroffen, weil es dein Herzenswunsch war? Weil du gespürt hast, es geht nur so und nicht anders? Wo du ja gesagt hast zu dir in deinem Leben?
Solche Entscheidungen sind immer Gold wert und richtig, obwohl sie meistens die schwersten Entscheidungen sind.

Oder hast du deine Entscheidung nach langer Überlegungsphase getroffen, um jemandem zu gefallen?

Um dir selbst zu gefallen?

Um dich selbst als sehr guter Mensch zu fühlen? Oder aus Mitleid?

Hast du auf dich Last genommen, um über das Leben anderer Leute zu entscheiden?

Hast du gedacht, dass sie so schwach sind und keine Entscheidungen selbst treffen können?

Was triggert dich, wenn du Entscheidungen gegen dich selbst triffst?

Was bringt es dir?

Welchen Gewinn hast du, wenn du gegen dich entscheidest?

Das ist eine sehr wichtige Frage.

Welchen Gewinn hast du, wenn du gegen dich entscheidest?

Was liegt da drunter, welches Thema?

Du entscheidest dich bewusst gegen deine Vorteile und im selben Moment erhoffst du dir Gewinn. Was ist das für ein Gewinn, was gewinnst du dann?

Spüre in dich hinein und finde die Antwort auf diese Frage.

Pause

Ist es deine Sehnsucht nach Liebe, dieser Gewinn, den du erhoffst zu bekommen – geliebt zu werden, geschätzt zu werden, verstanden zu werden, dazu zu gehören?

Finde die Antwort.

Wenn die Antwort geliebt zu werden ist, dann gib dir all die Liebe, die du von anderen erwartest, gib sie dir selbst. Wisse, geliebt zu werden ist dein Geburtsrecht.

Wenn die Antwort geschätzt zu werden ist, dann gib dir hohe Achtung für deinen Mut, nein sagen zu können und eine Entscheidung für dich zu treffen.

Dazu zu gehören – ist kein Preis für eine falsche Entscheidung. Diese Leute werden dich immer stören, weil du immer wissen wirst, dass du für diese Leute dich selbst verraten hast und dies gibt dir keine Ruhe.

Echte Freunde kommen in dein Leben, wenn du für dich selbst stehst, wenn du dich achtest, wenn du dich liebst.

Wenn du dich und deine Bedürfnisse wahrnimmst, dann kommen genau solche Leute in dein Leben, die dich achten, die dich lieben und die deine Bedürfnisse wahrnehmen.

Es ist sehr wichtig, mein Kind, die Entscheidungen für sich zu treffen. Daraus entsteht ein wunderbares Gefühl, dass du es wert bist, ein glückliches Leben zu leben.

Ja sagen zu dem Leben, das du leben möchtest.

Habe Mut, dich für dich zu entscheiden.

Habe Mut, auch Fehlentscheidungen zu treffen.

Das Leben ist ständige Entwicklung. Das Leben geht immer weiter und du hast alle Zeit, dich neu zu entscheiden, deine Entscheidungen zu korrigieren und immer mehr zu sich selbst zu stehen.

Mit Liebe

Deine Seele

Fünfzehnte Meditation

Das Leben will durch dich gelebt werden

Schließe deine Augen, atme tief ein und aus, lass dich atmen. Nach einer Zeit spürst du, dass du überhaupt nichts machen musst, das Leben atmet dich! Folge deinem Atem.

Du bist im Moment, du bist jetzt, du bist hier. Du beobachtest, wie du einatmest und wie du ausatmest.

Mit jedem Atemzug bist du immer im Hier verankert. Es gibt keine Außenwelt, nur dich, dein Atem und das Leben. Und du bist mittendrin. Du spürst Leichtigkeit und Freude. Merke dir dieses Gefühl. Es wird für dich ein Zeichen, wenn du dein Leben richtig lebst. Wenn du im Moment bist.

Pause

„Ich lebe immer mein Leben", kannst du mir sagen. Ja, du lebst dein Leben, aber wie oft bist du im Moment verankert? Wie oft ist es dir bewusst, dass du ‚da' bist, dass jetzt alles passiert, dass du jetzt lebst? Es ist eine große Kunst, im Moment zu bleiben.

Meistens eilen wir unserer Zeit voraus, wenn wir in Gedanken in der Zukunft sind, oder wir latschen ihr hinterher, wenn wir in der Vergangenheit stecken.

Das Leben ist Energie, und oft geben wir diese Energie der Zukunft oder der Vergangenheit - und für den Moment bleibt gar nichts.

Lass die Gedanken schweifen, sitze einfach da und atme. Spüre deinen Körper, spüre dich: Wo bist du jetzt?
Kannst du dich wirklich fühlen?

Bist du hier im Moment?

Oder bist du in deinen Gedanken bei dem, was nach der Meditation passiert?

Oder überlegst du dir, was heute am Tag alles geschehen ist?

Lass die Gedanken los.

Das Leben passiert jetzt, in dieser Sekunde.

Mit jedem Atemzug verankerst du dich tiefer und tiefer in deinem Leben.

Es gibt nur das, was du jetzt tust, was du jetzt spürst.

Es gibt kein Morgen, kein Gestern, nur das Jetzt. Nur der Moment zählt.

Spüre, wie die Luft deine Lungen füllt. Spüre, wie die Energie deinen Körper füllt. Genieße diesen Moment.

Es ist eine hohe Kunst, im Moment zu bleiben und das zu genießen. Und dieses Gefühl, das du jetzt spürst - im Körper zu sein, im Leben zu sein - merkst du dir.

Wie fühlt man das?

Was fühlst du gerade jetzt?

Mit welcher Farbe kannst du das assoziieren?

Welcher Klang passt zu diesem Moment?

Finde etwas, das dich an diesen Moment erinnern wird nach der Meditation, wenn du voll im Leben stehst, wo die Zeit rennt.

Erinnere dich dann an diesen wunderschönen Moment, mitten im Leben zu sein, im Moment zu sein.

Und das gibt dir die Kraft, das auch im Alltag zu spüren, im Moment zu bleiben. Egal, was du machst.

Wenn du Geschirr abspülst: Genieße, wie das Wasser über deine Hände läuft, genieße das Wasser, genieße den Moment. Genieße das, was du machst.

Wenn du spazieren gehst: Genieße jeden Schritt, den du machst; spüre die Erde unter deinen Füßen, genieße die frische Luft, die deine Lungen füllt.

Wenn du etwas Neues lernst, genieße die Freude, mehr zu wissen, als du vorher gewusst hast.

Wenn du einfach auf der Couch sitzt, genieße dieses Sich-fallen-Lassen, genieße die Freiheit, sich Zeit zu nehmen, nur für deine Bedürfnisse.

Wie oft klaust du dir diese Zeit?

Wenn du dich in einem Computerspiel vergessen hast oder im Internet Stunden herumhängst – das

Leben geht an dir vorbei. Du merkst es gar nicht. Du hast diese Stunden gar nicht gelebt. Du warst völlig abwesend in deinem Leben.

Pause

Wir vergessen uns oft in unseren Gedanken, wir verlieren uns oft in unseren Träumen. Wir planen für Morgen, wir bereuen das Gestern -und wir vergessen zu sein.
Einfach sein, egal, was du tust. Das Leben will durch dich gelebt sein - in jedem Moment, in jeder einzelnen Sekunde.

Sei achtsam zu dir, zu dem, was du tust.

Freue dich an deinem Leben, an diesem unglaublichen Geschenk, hier zu sein.

Sechzehnte Meditation

Sichtbar werden

Setze dich bequem hin und atme tief ein und aus.

Du hörst oft von allen Seiten: „Sei du selbst, lebe dein Leben, es ist egal, was die anderen über dich sagen und denken."

Lege deine Hand auf dein Herz, wiederhole den Satz, und spüre in dich hinein: „Es ist mir egal, was die andern über mich denken oder reden."

Pause

Stimmt das? Kannst du ehrlich mit allen deinen Wahrnehmungen das bejahen, dass dir wirklich egal ist, was die andern über dich denken?

Bist du ganz frei in deinen Handlungen?

Kannst du dich immer durchsetzen und das machen, was du für dich richtig findest, für dich und die Welt?

Kannst du mit ruhigem Gewissen Nein sagen, wenn dir etwas nicht passt?

Wenn du ehrlich zu dir bist, ist es deine Wahrheit? Erschrecke dich nicht, wenn die Antwort Nein ist. Du bist trotzdem ein guter Mensch, der liebens- und lebenswert ist.

„Es ist mir egal, was die andern über mich sagen oder denken." - Wir können diesen Zustand fast zu 99 % erreichen, wo wir unabhängig in unseren Handlungen sind. Aber es gibt noch ein gewisses Etwas, was uns stört, die 100% zu erreichen. Und dieses Etwas ist so grundlegend, dass es uns viele Wege versperrt, die wir nach außen gehen wollen oder könnten.

Diese ständige Angst, bewertet zu werden, zwingt dich, jedes Wort und jede Handlung zu kontrollieren, und hindert dich, dein Leben zu leben.

Habe ich deine Neugier geweckt?

Was ist das, was so klein und gleichzeitig so schwer wiegend ist? Was uns stört, authentisch zu sein und sich selbst so zu zeigen, wie man ist - ohne uns rettende Masken.

Das ist, was du selbst über dich denkst, was du einst als deine Schwachstellen angenommen hast und bis jetzt glaubst, dass es deine Schwachstellen sind.
Du kennst dich besser als jeder andere. Und genauso wie du die Außenwelt wertest, wertest du dich selbst.

Du hast dich in deinem Unterbewusstsein ganz genau angeschaut - alle deine Eigenschaften, deinen Charakter, deine starken und schwachen Seiten. Du hast wie ein Wissenschaftler dich klassifiziert und für jede Eigenschaft einen Bewertungszettel geschrieben.

Und so hast du das alles ‚aufgeräumt': Nach vorne die guten Seiten, die du noch jedem zeigen möchtest, dann kommen die Schubladen mit Sachen, die du nicht so gut findest, dich aber doch traust, sie anderen zu zeigen. Am Schluss kommen die Sachen, die du ganz furchtbar an dir findest. Die Eigenschaften, die du keinem zeigst.

Und so lebst du dein Leben, nur halbseitig, nicht authentisch, weil du immer aufpassen möchtest, dass deine Geheimnisse keiner sieht. Nicht mal du selbst!

Meistens liegen in den unteren Schubladen nur Kleinigkeiten, die für andere Leute keine Bedeutung haben.

Nur **Du** fürchtest das! - und das erschwert dein Leben.

Atme tief ein und aus.

Habe jetzt Mut, die Sachen anzuschauen. Geh in dich hinein, geh in deinen Keller und finde die geheime Schublade.

Jetzt ist die Zeit gekommen, sie aufzumachen. Öffne die Schublade, gucke ganz genau: Was liegt darin?

Pause

Was kommt jetzt hoch?

Welche Ängste?

Hast du jetzt Angst, belächelt zu werden?

Hast du jetzt Angst, dass dich so, wie du bist, keiner liebt, dass dir Liebe entzogen wird?

Pause

Es ist deine allerallergrößte Angst!

Sage dir ganz laut:

„Ich bin es wert, geliebt zu werden. Aber ich akzeptiere meine Angst so lange, bis sie sich transformiert. "

„Ich bin es wert, ernst genommen zu werden. Aber ich akzeptiere meine Angst, bis sie sich transformiert."

Verstehe: Was die anderen über dich denken, wie sie dich wahrnehmen, kannst du nicht ändern. Das hängt davon ab, wie diese Leute die Welt sehen.

Was **DU aber über dich denkst**, was du zu deiner Wahrheit gemacht hast, kannst du jede Sekunde ändern.

Und der erste Schritt, um authentisch zu sein, ist Akzeptanz.

Ich akzeptiere mein Leben.

Ich akzeptiere meine Schwächen.

Ich akzeptiere die Sachen, die ich an mir nicht gut genug finde - das bin alles ich.

Egal, was ich über mich denke, das trage ich in mir. Und das habe ich erschaffen.

Ich nehme mich auch mit meinen schwachen Stellen wahr.

Ich umarme mich mit allem, was ich in mir trage.

Ich weiß, dass die größte Transformation geschieht, wenn ich die Sache anschaue und akzeptiere, die in mir Platz gefunden hatte.

Ich weiß, dass ich die Kraft habe, das zu ändern, was Veränderung braucht.

Ich nehme mich so an, wie ich bin, und ich habe jetzt Kraft, mich so zu zeigen, wie ich bin.

Ich bin es wert, mich sichtbar zu machen.

Ich bin es wert, authentisch zu sein.

Ich habe mir alles verziehen, was ich negativ über mich gedacht habe.

Ich stehe jetzt im Licht – ganz, strahlend und stark.

Das ist mein Leben.

Ich akzeptiere mich, ich spüre mich, und ich habe das Recht zu leben.

Siebzehnte Meditation

Konzentriere dich auf schöne Dinge des Lebens.

Das Leben ist vollkommen. Es hat - genauso wie du - alles in sich: dunkle und helle Seiten.

Das Leben passt sich deinen Gedanken an. Es dient dir. Es bietet dir eine vollkommene Bühne für dein Lebensstück.

Du bist ja auch alles. Du bist ein Regisseur, du bist Drehbuchautor und du bist Akteur auf der Bühne des Lebens.

Denke jetzt an etwas aus deiner Vergangenheit, was dir Sorge bereitet hat. Erinnere dich an deine Stimmung damals, wie es dir ging, und beobachte währenddessen deinen Körper: Deine Muskeln sind verspannt, dein Gemüt ist betrübt.

Und jetzt denke an ein schönes Ereignis in deinem Leben. Wie war es damals?

Erinnere dich genau an alles. Wie fühlst du dich jetzt in dem Moment?

Wie geht es deinem Körper? Spürst du, dass du ein Lächeln im Gesicht hast, während du an dieses Ereignis dachtest?

Merkst du, es ist doch im Äußeren gar nichts verändert? Du sitzt immer noch in deinem Zimmer und dir geht es ganz gut. Vorhin, als du an deinen schlechten Tag gedacht hast, saßt du auch in deinem Zimmer, geschützt und geborgen, und hast dich trotzdem schlecht gefühlt!

Deine Gedanken, deine Wahrnehmung bestimmen dein Leben.

Konzentriere dich auf die schöne Seite des Lebens - und das Leben passt sich an. Das Leben passt sich immer an deine Gedanken an. Du bist der Drehbuchautor deines Lebens. An jeder Situation kann man etwas Schlechtes und etwas Gutes finden. Es liegt an dir, was du in deinem Leben siehst.

Ein schlechter Tag ist auch ein Tag deines Lebens. Man kann das annehmen, sich bedanken und sich sagen: „Da habe ich was Neues für mich gelernt."

Nach dem Regen kommt immer die Sonne. Und manchmal siehst du als Geschenk einen Regenbogen.

Man kann sich ärgern oder kann ein Geschehnis als Herausforderung annehmen und sich über ein neues Abenteuer freuen.

Je mehr du dich freust, desto mehr Freude kommt in dein Leben.

Das Leben passt sich an deine Gedanken an.

Finde in jeder Situation, an jedem Tag, in jeder Gelegenheit etwas, das dich freuen kann.

Man sagt, die Kunst im Leben besteht darin zu lernen, im Regen zu tanzen, anstatt auf die Sonne zu warten.

Und sei dankbar dafür.

Dankbarkeit ist der Schlüssel für ein schönes, erfülltes Leben.

Besonders wichtig ist es, einen Grund für Dankbarkeit an ‚schlechten‘ Tagen zu finden.

Stelle dir dann die Frage: Ist wirklich alles so schlecht?

Finde fünf Punkte, wofür du dankbar sein kannst – auch an solchen Tagen. Nimm einen Stift und Papier und schreibe sie auf - oder sage es laut. Und wenn du am fünften Punkt bist, wirst du merken, dass du gerade weiter gehen könntest.

Es gibt immer einen Platz im Leben für Dankbarkeit. Es ist sehr gut, den Tag mit Dankbarkeit anzufangen.

Schreibe dir jeden Morgen ein paar Sätze, wofür du dankbar sein kannst. Es bringt dich auf eine andere Ebene, wo du fröhlich über dein Leben denken kannst.

Und das Leben passt sich an deine Gedanken an.

Das Leben wird unmittelbar fröhlicher, lustiger, interessanter als zuvor. Konzentriere dich auf Schönes, was du erleben möchtest – und dein Leben passt sich an deine Gedanken an.

Schreibe hier mindestens 5 Punkte auf, wofür du dankbar sein kannst

Achtzehnte Meditation

Deine innere Stärke ist deine Kraft

Setze dich bequem hin und atme tief ein und atme aus.

Folge deinem Atem.

Beruhige dein Tagesbewusstsein, finde deinen ureigenen Atemrhythmus - atme, wie es dich atmet, ohne das zu kontrollieren.

Sitze einfach da und genieße diesen Zustand zu sein -ohne zu kontrollieren - einfach **sein.**

Dein Verstand möchte alles kontrollieren, analysieren, in eine bestimmte Schublade geben, was für dich gut oder weniger gut ist. Dein Verstand möchte zu deiner Sicherheit Kontrolle über dein ganzes Leben übernehmen.

Wenn du einfach ruhig sitzt, spürst du, dass es etwas gibt, was außerhalb der Kontrolle deines Verstandes liegt.

Kannst du deinen Magen kontrollieren, wie er dein Essen verdaut?

Kannst du deinen Herzschlag kontrollieren?
Kannst du kontrollieren, wie das Blut durch deine
Adern fließt?

Kannst du wirklich deinen Atem kontrollieren?
Du kannst Atemübungen machen, aber dann bist
du müde und atmest einfach so, wie es dich atmet.
Merkst du, dein Verstand kann dein Leben nicht
vollkommen kontrollieren.

Es gibt etwas in dir, das unabhängig von deinem
Verstand ist – und das ist das Leben selbst.

Sei dir dieser Kraft bewusst.

Das Leben will durch dich gelebt werden.

 Manchmal schenkst du dem Leben zu wenig Vertrauen - und dem Verstand zu viel. Und dein Verstand ist geübt, alles zu analysieren.

„Oh, der hat mich aber komisch angeschaut!"

Oder: „Die lächeln so komisch und reden ganz
leise etwas! Vielleicht reden die über mich? Vielleicht finden die mich komisch? Liegt das an mir,
dass der mich so böse anguckt?"

So kann das den ganzen Tag gehen. Dein Verstand
möchte alles klassifizieren, du vertraust ihm und

suchst den Grund in dir, um die Handlungen von fremden Menschen zu erklären. Du identifizierst dich mit deinem Verstand und vergisst die Kraft, die durch dich leben möchte.

Sage dir drei Mal laut:

Ich bin Vertrauen, ich bin Kraft.

Dann mache eine kleine Pause und sage dir wieder:

 Ich bin Vertrauen, ich bin Kraft.

Sage dir das so oft, bis du in dir spürst, dass du dem Leben vertraust, das durch dich lebt.

Und das gibt dir die Kraft, das Leben zu leben.

Du bist nicht dazu geboren, um die Erwartungen anderer Leute zu befriedigen.

Du bist geboren, um dein Leben zu leben – dein eigenes Leben. Deine Fehler zu machen und deine Fehler zu verbessern, weil es in Wirklichkeit keine Fehler gibt: Es ist alles Erfahrung.

Und deine Erfahrung ist zu lernen, dass das Leben dich immer weiter bringt zum Erfolg, wenn du dir erlaubst, **dein** Leben zu leben - dein eigenes.

Zu respektieren, dass jeder Mensch sein eigenes Leben lebt und leben darf, ist der große Unterschied zwischen Egoismus und ‚sein Leben zu leben'.

Wenn jemand das Leben auf Kosten anderer Menschen lebt, wenn er Grenzen überschreitet, wenn er nur eigene Vorteile sieht und andere Menschen unterdrückt - egal auf welche Art und Weise- das ist Egoismus.

Egoismus kommt aus mangelndem Vertrauen, dass das Gute nicht für alle reicht, und sie eilen, sich die Vorteile zu sichern.

Eigenes Leben als Priorität zu haben bedeutet, im Vertrauen zu sein.

Das, was im Leben für dich bestimmt ist, findet seinen Weg zu dir. Was deines ist, bleibt immer dir.

Solches Vertrauen in sich zu verankern bedeutet grenzenlose Möglichkeiten.

Du musst nicht mehr kontrollieren, ob jemand dir was wegnimmt.

Du kannst einfach frei leben in dem Wissen, dass du das Leben bist, dass du dieses Vertrauen bist - und das gibt dir Kraft.

Ich bin Vertrauen, ich bin Kraft.

Atme Vertrauen ein und Angst aus.

Atme Kraft ein und Angst aus.

Wiederhole das so oft, bis es zu deiner Erkenntnis wird: **Ich bin Vertrauen, ich bin Kraft.**

Kehre immer wieder zu solcher Ebene zurück. Lass es dein Mantra für jeden Tag sein.

So ist es: **Du bist Vertrauen, du bist Kraft.**

Atme tief ein und aus, komme mit deinem Bewusstsein in deinen Körper.

Spüre deine Beine, spüre deine Hände, spüre dich ganz.

Recke und strecke dich und dann öffne deine Augen.

„*Wenn Du erkennst, dass es Dir an nichts fehlt, gehört Dir die ganze Welt.*"

Laotse

Über die Autorin

Anzelika Jakovleva, Jahrgang 1962, arbeitet als REIKI Therapeutin und Medium für gechannelte Botschaften aus der göttlichen Ebene. Mit verschiedenen Heilmethoden begleitet sie Menschen auf ihrem Weg zur Selbsterkenntnis.

Homepage: www.noreia-channeling.de

You Tube: Anzelika.Botschafterin des Lichts

Energiebild „Alles liegt in Gottes Hand"

Bild ist von der Autorin gemalt.

Reiki und andere Heilmethoden der Geistheilung können lediglich die Selbstheilungskräfte *aktivieren* und ersetzen nicht den Arztbesuch.

Über meine Arbeit. Wie kann ich Dir helfen.

Suchst Du nach dem Inhalt Deiner Lebensaufgabe, Deinem Seelenplan oder möchtest Du fragen, wie Du Dein Konto endlich aus den roten Zahlen heraus bewegen kannst, wie Du den Mann/Frau Deines Lebens endlich kennenlernen kannst oder Deine körperliche Genesung unterstützen kannst?

Ich kann Dir helfen zu DEINER WAHREN NATUR zu kommen. Das mache ich nicht allein, ich diene als Kanal der Göttlichen Ebene. Ich bin Übersetzerin zwischen der Hochschwingenden Spirituellen Welt und Dir. Deine Seele, Deine Engel, Dein Höheres Göttliches Selbst und die Aufgestiegenen Meister der Weißen Bruderschaft antworten durch mich auf Deine Fragen und unterstützen dich mit der Energie – Übertragung aus der Göttlichen Ebene.

Mit Liebe

Anzelika Jakovleva

Zeichen Yin und Yang

Blume des Lebens

Triskele

Om - das universale Ur-Mantra

Deine Notizen

Deine Notizen

Deine Notizen

FSC
www.fsc.org
MIX
Papier | Fördert
gute Waldnutzung
FSC® C083411

Zeitfracht Medien GmbH
Ferdinand-Jühlke-Straße 7
99095 Erfurt, Deutschland
produktsicherheit@kolibri360.de